XXXI

LE SÉNAT

ET

LE DROIT DE DISCUSSION RELIGIEUSE

PAR C. FRÉGIER,

Président du Tribunal de première Instance de Sétif,

MEMBRE DE L'ACADÉMIE DE LÉGISLATION DE TOULOUSE.

Non timeas,....... excepto convicio et plaga *dolosa*.
Eccl. XXII. 26, 27.

SÉTIF

IMPRIMERIE FRANÇAISE ET ARABE DE Vᵉ VINCENT

1864

XXXI

LE SÉNAT

ET

LE DROIT DE DISCUSSION RELIGIEUSE

PAR C. FRÉGIER,

Président du Tribunal Civil de première Instance de Sétif,

MEMBRE DE L'ACADÉMIE DE LÉGISLATION DE TOULOUSE.

Non timeas, ... excepto convicio et plaga *dolosa*.
Eccl. XXII. 26. 27.

SÉTIF

IMPRIMERIE FRANÇAISE ET ARABE DE Vᵉ VINCENT

1864

A

Son Eminence le Cardinal De BONNECHOSE,

ARCHEVÊQUE DE ROUEN, SÉNATEUR.

A

MONSIEUR DELANGLE,

Ancien Ministre de la Justice,

VICE-PRÉSIDENT DU SÉNAT.

Voce formàstis !
.... Vestrum est.

C. FRÉGIER.

Sétif, le 20 Juin 1861.

PRÉFACE

Tous les droits ont leurs limites

En face de la Loi française, quelle est l'étendue de la liberté de discussion religieuse ?

En d'autres termes, quelle est la limite légale qui, en cette matière, sépare ce qui est permis de ce qui est défendu, ce qui est toléré de ce qui est interdit ?

Grande et délicate question, qui vient d'être solennellement discutée au sein du premier corps de l'État, et devant laquelle pâlisssent et s'effacent les plus graves questions contemporaines, hormis celle, pourtant, qu'on est, à tort, convenu d'appeler la Question Religieuse !

Ainsi posée devant le Sénat, et j'avoue qu'elle ne pouvait guère l'être autrement, un Prince de l'Eglise catholique et un ancien Ministre du nouvel Empire l'ont portée à une hauteur morale et juridique jusqu'alors inconnue, et depuis admirable tournoi qui tint l'Assemblée Constituante de 1848 suspendue, pendant deux jours consécutifs, aux lèvres éloquentes des deux plus habiles champions de la Monarchie et de la République(1), je ne connais pas de lutte parlementaire plus grande et plus intéressante aux yeux des publicistes et des jurisconsultes.

Et pourtant, oserai-je le dire ? même après ce mémorable débat, même après ce qu'en a dit la presse quotidienne et périodique, il m'a paru qu'il y avait encore quelque chose à faire, plus d'une lacune à combler.

Peut-être, la question pouvait-elle atteindre un niveau plus élevé, embrasser de plus larges horisons, de l'ardente région du Droit pénal et de la morale publique et religieuse, passer dans la sphère plus calme de la législation générale, aborder les plus hauts sommets de la raison philosophique, et là, se transformer en cette autre question, bien autrement compréhensive :

Est-il toujours possible, est-il toujours utile, et, en cas d'affirmative, est-il juste, est-il opportun de limiter, de notre temps, la liberté de discussion religieuse, la liberté religieuse ?

Ainsi posée devant l'opinion publique, elle n'eût pas été seulement une question de droit, de morale, de législation et de politique, mais encore une question d'histoire, de philosophie et de religion, l'un de nos plus vastes problèmes sociaux qui puissent tenter les investigations d'une haute et ferme raison.

(1) MM. Berryer et Michel (de Bourges).

Or, ce problème, que, nous aussi, nous appellerions volontiers l'éternel problème des sociétés humaines (1), inutile de le déclarer, je n'ai pas même conçu l'espoir de le résoudre, et c'est à peine si, d'une main tremblante, j'ai essayé de soulever un coin du voile qui le couvre.

Que de difficultés ne soulève-t-il pas ?

Les examiner toutes mûrement et à fond, eût demandé un temps et un talent que je n'ai point.

Jeter sur elle un rapide, et, à bien des égards, superficiel coup-d'œil, provoquer ainsi de plus heureux que moi à en sonder lentement les profondeurs, c'est à quoi j'ai dû me borner.

J'exposerai donc brièvement les bases et les éléments du problème, et plutôt pour en préparer que pour en donner la solution, j'interrogerai sommairement les principes de la philosophie sociale, les principes du droit universel, ceux du Droit français en particulier, l'esprit de notre législation, les textes de notre loi.

Rien de plus, rien de moins !

Jusqu'ici humble défenseur de la liberté civile et de la liberté publique, je viens aujourd'hui, simple lévite de la liberté religieuse, apporter ma goutte d'huile à la lampe qui brûle au fond de son sanctuaire, laissant à ses prêtres et à ses pontifes le soin d'en entretenir la céleste flamme, et d'en répandre les divines clartés.

(1) M. Guizot nomme ainsi la conciliation de la liberté individuelle avec le pouvoir social.

Et comme dans le monde de la liberté, il n'y a pas plus d'île que dans le monde de l'intelligence, — de peur d'être ou obscur ou prolixe, je ne viserai qu'à être clair et concis.

Non datur omnibus adire Corinthum !

Heureux l'écrivain privilégié à qui il est donné d'atteindre cet *Utile dulci* du Poète romain, qui, dans des ouvrages comme celui-ci, n'est autre chose que la plénitude dans la brièveté, la clarté dans la concision !

LE SÉNAT

ET

LE DROIT DE DISCUSSION RELIGIEUSE

> Je respecte toutes les convictions sincères.
> S. Em. le Cardinal De Bonnechose.
>
> La liberté de penser et d'écrire n'a de limites que dans la Loi.
> Il n'y a pas de liberté sans règle. Toute manifestation de la pensée est libre, pourvu qu'elle soit décente.
> M. Delangle, Vice-Président du Conseil d'État.
> (Séance du Sénat du 18 Mars 1861.)

Comme Socrate, pour démontrer ma thèse jusqu'à l'évidence et convaincre de sa vérité les esprits les plus obstinés dans l'erreur, je veux procéder par les principes les plus universellement reconnus et les plus incontestablement acceptés.

1

Je suis !

Je suis composé de deux pièces (1), corps et âme, unies entr'elles par un lien mystérieux et divin.

Mais que suis-je ?

Corps — un peu de matière, un automate, un cadavre

(1) Expressions de Pascal.

2.

un instant animé, agité, traîné par l'âme — une étendue.

Ame, — un esprit incarné, vivant et voulant, intelligent — une pensée.

Je pense ! donc je suis intelligent. Je veux ! donc je suis libre. Ce que je pense et ce que je veux, je puis le faire ! donc je suis actif. Ce que je fais, je le juge bon ou mauvais, suivant que j'obéis ou non à la loi de ma conscience ! donc je suis moral. — Je me sens invinciblement attiré vers mes semblables ! donc je suis sociable. — Mais en dehors et au dessus de moi, je conçois un Être créateur et conservateur de tout ce qui est — être nécessaire, pensée, volonté, activité, bonté, puissance suprême, cause et principe de toute intelligence, de toute liberté, de toute moralité, de toute société, donc je suis religieux.

Ainsi, intelligence, liberté, moralité, sociabilité et *religiosité*, voila les attributs de l'être que je suis.

Mais parmi ces attributs, il en est trois plus caractéristiques, et pour ainsi dire, plus constitutifs de la nature de l'homme : — l'intelligence, la moralité, la liberté, — ombre de trinité humaine.

A la rigueur, l'homme pourrait n'être ni sociable, ni actif, ni religieux, — mais sans intelligence, sans moralité et sans liberté ? — cela n'est pas possible !

Et comme la liberté suppose l'intelligence, l'intelligence la moralité, et la moralité la liberté, je puis affirmer sans crainte, que la liberté est l'attribut par excellence, le ressort principal de l'homme, l'homme même, tout l'homme.

Mais, suis-je véritablement libre ? qu'est-ce que la liberté ?

Je sens que ce que j'écris en ce moment, il ne tient qu'à moi de l'écrire ou de ne pas l'écrire, et ce pouvoir de faire ce que je veux, ou de ne pas faire ce que je ne veux pas, je l'appelle *Liberté*.

Je me sens libre, comme je me sens raisonnable, et je sens pourtant que je ne puis définir ni ma liberté ni ma raison.

Dirai-je que la liberté est le moteur de mes facultés, ma faculté-maîtresse, le besoin le plus impérieux de mon être, la loi fondamentale, la condition nécessaire de mon développement physique, intellectuel et moral, le plus naturel, le plus précieux, le plus inaliénable, le plus imprescriptible de mes droits, la possession, la propriété, la souveraineté de ma personne; le droit et le pouvoir d'être *moi*?

Dirai-je encore qu'elle est à mes autres facultés, ce qu'est la charité aux autres vertus, à la vie de mon âme, ce qu'est la circulation du sang à la vie de mon corps : qu'elle est comme le nœud vital de mon existence entière ?

Ajouterai-je qu'elle est l'honneur, la dignité, la gloire, la royauté, la perfection de l'homme, la raison de tous ses progrès, l'épanouissement de toutes ses énergies, la puissance finie de la créature, image de la puissance infinie du Créateur, le trait le plus distinctif de la ressemblance de l'homme à Dieu, et pour parler avec l'Ecriture, une effusion de l'esprit de vie sur l'esprit de l'homme ?

Mais, qu'est-ce que tout cela, comparé à la notion que m'en donne mon sens intime, qu'atteste ma conscience, et que confirme l'expérience de tout homme venant en ce monde?

Qu'importe d'ailleurs la définition de la liberté? Elle est, je le sens, elle est le principe de tous mes actes, la source de mon mérite et de mon démérite, et cela me suffit.

Donc, qu'il s'agisse de la liberté physique, ou de la liberté morale, de la liberté civile, ou de la liberté politique, et surtout de la liberté religieuse, ne touchez pas à la liberté de l'homme !

Dieu lui même l'honore et la respecte ! car sa grâce n'agit dans l'homme qu'avec le concours, la coopération de l'homme, et la toute-puissance divine abdique, en quelque sorte, devant la liberté, cette toute-puissance humaine.

Comme l'amour, la liberté est plus forte que la mort.

Puisque tu le veux, o tyran ! mange ma chair et bois mon sang ! je n'en garde pas moins ma liberté! ma liberté, ce n'est ni mon sang ni ma chair, c'est moi, et c'est assez (1) !

La liberté est indivisible et inviolable comme la conscience. De même que tous les hommes sont solidaires entr'eux, ainsi toutes les libertés sont solidaires entr'elles, et tout attentat contre *une* liberté et la liberté d'un seul, est un attentat contre *toute* liberté et la liberté de tous.

O Liberté! Liberté sainte et bien-aimée! salut! trois fois salut! Permets au plus petit de tes enfants de s'agenouiller devant toi, et de baiser avec respect la poussière sacrée de tes pieds ! Tu es la reine du royaume des âmes: en toi tout est bien, lumière, fécondité, harmonie ! Hors de toi, tout est mal, ténèbres, stérilité, désordre ! et suivant que tu es ou tu n'es pas avec lui, l'homme n'est qu'un esclave, une chose, un néant,— ou un rival de l'ange, un être semblable à Dieu, un Dieu de seconde majesté.

Mais qu'est-ce à dire ? La liberté de l'homme est-elle comme la liberté de Dieu, infinie, absolue, sans bornes ?

Que ne demandez-vous plutôt si l'homme est Dieu ?

Non ! comme l'homme, comme tout ce qui est de l'homme, la liberté humaine est finie, relative, bornée!

Quoi de plus libre que l'aigle planant à travers l'immensité des cieux ? Contemplez son vol superbe ! il monte, il monte encore ! — Oui! mais le voila soudain forcé de descendre !

Telle, la liberté de l'homme se meut dans un cercle tracé par un Popilius divin et (me permettra-t-on cette image?)

____

(1) Quid mihi mors nocuit ? Virtus post fata virescit !

dans un collier que forgea Dieu lui-même, et dont il tient la chaîne.

L'homme a beau faire, il n'est que le vassal, que dis-je? le serf de Dieu. — Il a beau s'agiter, c'est Dieu qui le mène !

Je suis libre — sans doute, — mais vous l'êtes aussi, et si grande est l'imperfection, si profonde la corruption de notre commune nature, qu'à moins que quelque chose de plus puissant que nos deux libertés ne s'interpose comme médiateur entr'elles, pour régler leur contact et prévenir leur conflit, — c'en est fait de l'une ou de l'autre.

Pourquoi cela ? parce que vous et moi sommes naturellement enclins à excéder nos droits et à violer nos droits respectifs, parce que vous et moi sommes tour à tour esclaves et tyrans.

Or, la liberté, la vraie liberté, tient le milieu entre la servitude et la tyrannie.

En sort-elle ? Ou elle se heurte, ou elle se brise contre le double écueil de la privation ou de l'excès, de l'oppression et de la licence.

C'est qu'il est deux sortes de libertés : la liberté du bien et la liberté du mal, la vraie liberté et la fausse liberté. — L'homme a les deux, mais l'expérience démontre que la liberté du mal ou l'ivraie de la liberté, triomphe trop souvent de la liberté du bien qui en est le froment.

Mais, qu'est-ce qui distinguera celle-ci de celle-là? et qui interviendra entr'elles ?

La raison, cette raison, la même, partout et toujours, qui veut, dit Fénélon, que les hommes qui vivent en société suivent des règles inviolables de société, qu'ils nomment lois, et, par conséquent, qu'ils assujétissent leur liberté aux lois, — la raison du droit et du devoir !

Que dit-elle ?

Que mon droit finit où commence votre droit ; que votre droit, c'est la limite de mon droit, comme mon droit est la limite de votre droit.

Ma liberté doit donc respecter votre droit, comme votre liberté doit respecter mon droit, et le respect mutuel de notre droit, c'est le mutuel accomplissement de notre devoir.

Le pouvoir d'exercer mon droit limité par votre devoir, en d'autres termes, de faire ce que je veux et ce que je dois vouloir, sans nuire à votre droit de le faire vous-même, voila la véritable liberté, voila la liberté du bien !

Le droit et le devoir sont les deux pôles du monde moral, et ce monde, deux forces contraires se le disputent : la liberté qui est le droit de l'individu, l'autorité qui est le droit de la société,

Liberté et Société ! unissez ensemble ces choses, sans les confondre, sans que celle-ci empiète sur celle-là, vous aurez l'équilibre entre le droit et le devoir, ou la Justice, la concorde entre le *sic volo* arbitraire du citoyen et le *sic jubeo* tyrannique de l'Etat, ou l'Ordre.

Donc, de même que le devoir limite le droit, et le droit le devoir, de même la justice et l'ordre limitent, en même temps, le droit et le devoir, la liberté et l'autorité.

Or, droit et devoir, liberté et autorité, tout cela se résume dans la Loi. La loi, donc, voila la raison suprême de l'Etat, la limite des limites entre la liberté et la licence, le pouvoir et la tyrannie.

Malheur à l'individu, malheur à la société qui la transgresse !

La loi, ainsi entendue, est une nécessité sociale, tout à la fois divine et humaine, et qui assigne ses limites à la liberté.

De quelque côté que se tourne la liberté, sous une forme ou sous une autre, toujours et partout elle rencontre la loi — du côté de Dieu, la religion, — du côté de l'homme, le respect de la dignité humaine, — du côté de la société, le pouvoir politique ou le Gouvernement.

La liberté n'est pas l'indépendance, ce que Montaigne définit pouvoir toute chose sur soi; car Dieu seul est indépendant, et la chaste liberté de Rome n'est pas l'impure licence de Corinthe.

Etre trop libre et r   'être pas assez, deux choses également mauvaises.

Je ne veux ni des orages terribles d'une liberté sans frein, ni du calme fatal d'une servitude sans bornes. J'abhorre les orgies de la liberté des Mormons, mais le fantôme d'une liberté analogue est sans attrait pour moi.

Je m'incline forcément devant le *fait* variable et éphémère, mais je me prosterne librement devant le *droit* immuable et éternel. Loin de moi la liberté du Contrat social, je lui préfère la liberté de l'Evangile ; ce qu'il me faut, c'est la liberté limitée et tempérée par le droit et par le devoir, par la justice, par l'ordre, la liberté *légale*; la liberté réglée par la loi. — par la loi librement consentie et librement acceptée pas tous, dans l'intérêt de tous, ouvrage libre d'hommes libres.

Si, dans certaines occurrences, il est nécessaire de jeter un voile sur le front de la liberté, à plus forte raison l'est-il toujours que la loi impose un frein salutaire à ses actes.

La liberté sans frein et sans règles, c'est un astre hors de son orbite ; la liberté réglée, c'est la liberté à sa place, c'est l'ordre.

La liberté de l'homme n'est qu'un rayon.

Le double office de la loi, c'est de l'empêcher de se faire centre et de sortir de sa circonférence.

Ce qu'Apollinius disait à l'Empereur Commode, la Nature le dit à tout homme : « Tu n'es pas tout-puissant ; les bornes de ta puissance sont dans la loi. »

II.

En résumé, la liberté a deux limites : l'une intérieure, c'est la conscience, cet écho permanent de la loi divine ; l'autre extérieure, c'est la loi humaine, ce reflet organisé de la loi divine et de la conscience collective.

Ainsi, socialement parlant, la loi, mais la loi seule, est la circonscription de la liberté de chacun, pour assurer et conserver la liberté de tous.

Je parle de la loi — fidèle et sincère expression des nécessités sociales, — que Marc-Aurèle nommait si justement notre maître à tous, et que Pascal appelait la corde de respect qui nous attache et nous unit les uns aux autres.

Il n'y a pas de droit du mal,

De là, plusieurs conséquences :

La fonction de la loi étant moins le commandement du bien que la prohibiton du mal, — où la loi est muette, la liberté est illimitée ;

Toute loi étant la règlementation publique, dans l'intérêt de tous, de la liberté naturelle de chacun, — toute loi restrictive de cette liberté, pour être légitime et obligatoire, doit être nettement, clairement formulée ;

La loi n'étant autre chose qu'une limitation de droit positif à un principe de droit naturel qui est la liberté, — en cas de doute, la liberté doit toujours l'emporter sur la loi.

C'est surtout en matière de liberté que tout doit être défini, que rien ne doit être arbitraire. Le juge ne fait pas la loi, il la *juge*.

III.

Maintenant, rien de plus facile que de savoir jusqu'où doit aller, et jusqu'où va la liberté de discussion religieuse.

J'entends par là la liberté d'examen, la liberté d'opinion, la liberté de parole, la liberté d'enseignement, la liberté d'intelligence, la liberté de conscience, en un mot, la liberté de la pensée, se manifestant publiquement, sous n'importe quelle forme, en toute matière, et partant, en matière de religion.

Mais cette liberté, jusqu'où doit elle aller ?

— Jusqu'au point où elle porterait atteinte à l'ordre social, où elle troublerait la paix publique, où elle ébranlerait une des bases de l'Etat.

Dans tous les cas, la liberté individuelle cède le pas à l'autorité sociale, vrai sénatus-consulte de nécessité. La loi oppose sa dictature génératrice de l'ordre, aux mouvements destructeurs d'une liberté désordonnée. C'est son droit, c'est même son devoir ; car l'ordre, c'est la vie des sociétés, et pas plus que les individus, les sociétés ne peuvent se suicider.

Le pouvoir souverain, dit Locke, est illimité pour le bien public. Or, le bien public, c'est, avant tout, la paix et l'ordre public, l'intérêt général, fondement, principe et fin de l'Etat.

C'est dire que manifester sa pensée, c'est le droit de l'homme, mais que punir les écarts de sa manifestation, c'est le droit de la société.

Voici donc toute la question : Oui ou non, la religion, en tant que loi ou lien rattachant l'homme à Dieu et, par Dieu, les hommes entr'eux, est-elle une des assises de l'ordre, une des bases de la société ?

Si non, libre à moi de la discuter comme il me plaira : point de limites à mon droit de discussion.

Si oui, je peux la discuter, sans doute, mais sous certaines conditions, dans certaines limites, posées par l'intérêt public.

3.

— 18 —

Ecoutez le libéral historien de la *Démocratie aux États-Unis* (1) :

— « L'on ne saurait faire que les idées de Dieu, de ses rapports avec le genre humain, de l'âme, des devoirs des hommes envers leurs semblables, ne soient pas la source commune d'où tout le reste découle Les hommes ont donc un intérêt immense à ce que ces idées soient bien arrêtées. Le doute, sur ce premier point, livrerait toutes leurs actions au hasard, et les condamnerait, en quelque sorte, au désordre et à l'impuissance. — Ces idées sont celles qu'il convient le mieux de soustraire à l'action habituelle de la raison individuelle, et pour lesquelles il y a le plus à gagner et le moins à perdre, en reconnaissant une autorité »

Et ailleurs : « Il faut que tous les esprits des citoyens soient toujours rassemblés et tenus ensemble par quelques idées principales, et cela ne saurait être, à moins que chacun d'eux ne vienne quelquefois puiser ses idées à une même source, et ne consente à recevoir un certain nombre de croyances toutes faites. »

Ainsi, nécessité d'idées morales arrêtées, nécessité d'une morale universelle et populaire, nécessité de croyances toutes faites, nécessité d'une autorité, — n'est-ce pas dire clairement que la religion est plus nécessaire à la société que la loi civile et politique elle même ?

Mais quoi ! cette loi qui émane directement de l'homme, nous ne contestez pas qu'elle soit nécessaire! et la religion, qui est la loi directement émanée de Dieu, la religion, dont les promesses et les menaces sont incomparablement plus autorisées que celles de la loi, la religion, qui est la loi des lois, vous douteriez de son absolue nécessité ?

— La morale, dit-on, en tiendra lieu. — Demandez à

(1) De Tocqueville.

l'histoire de la philosophie ce qu'est la morale sans religion !
Elle vous répondra : un navire sans voiles, un édifice sans
fondations. Souvenons-nous de ce que disait Portalis :
« Le caractère de la morale religieuse, c'est de parler à
tous les esprits et à tous les cœurs, c'est d'être populaire. »
Est-ce là le caractère de la morale philosophique ? Songez
au mot, cent fois répété, de Frédéric-le-Grand, sur l'impuissance de cette morale, et avec Marc-Aurèle, vous prendrez
en pitié ces petits politiques, qui prétendent qu'on peut faire
mener à tout un peuple une vie de philosophes.

— Mais la loi, du moins, pourra remplacer la religion.

— Non ! certes ! loin de la remplacer, elle la suppose. La
loi n'est que le supplément de la religion, de même que la
religion, au dire de Voltaire, est la maîtresse de la morale.

Avouons-le donc, sans religion, pas de morale ; sans morale, pas de loi ; sans loi, pas de discipline dans les idées,
pas de règle dans les intérêts, pas de frein contre les passions, pas de Gouvernement, pas d'État, pas d'ordre, pas
de société !

Et cela doit être. La religion, c'est Dieu présent dans la
conscience individuelle et sociale, le rappel incessant de Dieu
à l'homme. Otez la religion à l'homme, vous lui otez Dieu,
vous lui otez tout !

Attaquer la religion, qu'est-ce donc ? si ce n'est attaquer
la morale, le Gouvernement, la loi, l'ordre, en d'autres termes, transgresser les devoirs de la vraie liberté ?

— Objectera-t-on qu'au nom de la religion et de l'ordre,
l'autorité, armée de la loi, étouffera souvent la liberté, et
qu'un excès de réglementation n'aboutira jamais qu'à la
faire « expirer dans les règles » ?

Eh ! qui ne sait qu'au lieu d'être raisonnablement con-
tenue, la liberté pourra être, sera même quelquefois tyran-

niquement comprimée ? Mais, prenez garde ! prouver trop, c'est ne rien prouver. Ah ! sans doute, il y a du désordre, de l'illégalité, de la licence dans le monde ! En concluez-vous qu'il n'y a, et qn'il ne doit y avoir, ni ordre, ni légalité, ni liberté !

Or, qui nia jamais que la religion naturelle et, à plus forte raison, la religion révélée, soit une des bases les plus fondamentales de la société, la première est la plus nécessaire assise de l'ordre ? Cette vérité n'est-elle pas gravée en ca-caractères ineffaçables dans la conscience humaine ? N'est-elle pas attestée par le sens commun, enseignée par l'histoire, constatée par l'expérience universelle, proclamée par ce consentement de l'humanité, que Cicéron considérait comme une loi de nature ? Et depuis Aristote, Plutarque, Varron, Marc-Aurèle, Ulpien, jusqu'à Cousin, Jauffroy, Tocqueville, Guizot, Troplong, tous les philosophes, tous les penseurs, tous les publicistes, tous les politiques, tous les jurisconsultes, n'ont-ils pas, à l'envie, prouvé et par leurs doctrines, et par leurs actes, et par leurs écrits, en même temps que la nature sociale de l'homme, sa nature religieuse, et l'impossibilité de concevoir un peuple, un Etat, une cité, une tribu, une famille dont la religion ne soit et le fondement et la base ? Est-ce que, toujours et partout, le *bien-croire* n'a pas été le principe du *bien-vivre* ?

Oui ! l'homme est un animal religieux, aussi bien que social ! oui ! l'homme est une créature essentiellement religieuse ; oui ! le sentiment religieux, l'esprit religieux est inhérent à l'homme, le propre de l'homme, tout l'homme !

Voila pourquoi Portalis, traduisant, à son insu, peut-être, la pensée des immortels fondateurs de l'Académie et du Lycée, disait que, de même que la morale sans préceptes positifs laisserait la raison sans règle, ainsi la morale sans dogmes religieux ne serait qu'une justice sans tribunaux.

Voila pourquoi aussi Napoléon Ier disait qu'on ne vit jamais un Etat sans religion, sans culte, sans prêtres.

N'en soyons pas surpris ! — Plus encore que la gloire et l'honneur, la Religion, d'après Marmontel, est le plus grand frein du vice, le plus ferme appui de la faiblesse et de l'innocence, le plus puissant mobile de la vertu, le plus efficace contre-poids des passions humaines.

Mais, poursuivons nos prolégomènes.

IV.

L'ordre, harmonie de l'autorité et de la liberté, est le but de la société ou de l'Etat.

Il en est aussi le moyen.

C'est par lui, en effet, et par lui seulement, que peut advenir sur la terre le règne de la justice.

A tout prix, donc, il faut que l'ordre existe.

Or, la conservation de l'ordre, c'est l'*équilibration* de l'autorité et de la liberté par la loi.

Si donc, par ses excès, la liberté trouble ou détruit, tente de troubler ou de détruire l'équilibre entre ces deux choses, la loi pénale devra en amener le rétablissement.

Mais, est-ce à dire que tout excès ou tout abus de la liberté tombera sous le coup de la loi ?

Assurément, non ! Ce serait vouloir l'impossible, se briser contre l'absurde, demander la suppression de tout mal et de toute erreur. Forcée de transiger entre les exigences de la morale et les nécessités sociales. La loi humaine, à la différence de la loi divine, ne peut ni interdire, ni punir tout ce qui est contraire au bien. Pour elle, prétendre arracher toute l'ivraie du champ de la vie sociale, ce serait s'exposer du même coup à en arracher le bon grain. Elle ne frappe que les abus et les excès graves de la liberté, que la liberté dégénérée en licence dangereuse pour l'ordre.

Si, en effet, sous prétexte d'user de votre liberté, vous en abusez au point de saper sourdement ou ouvertement les fondements de la société, vous renversez les bases de l'ordre public, vous attentez à l'existence même de la *chose publique* ; si, portant sur l'Arche sainte une main téméraire et coupable, vous méritez qu'on dise de vous, comme de cet homme de l'Ecriture : *Et manus ejus contrà omnes* (1), — alors vous vous posez en ennemi de l'Etat, en Erostrate de l'Autorité ; vous êtes un séditieux, un insurgé, un malfaiteur ! La loi peut, la loi doit vous frapper !

Que, par exemple, la Presse, dont la mission, importante entre toutes, appelée qu'elle est à parler *urbi et orbi*, que la Presse entreprenne de battre en brèche un de ces principes essentiels de religion, de morale publique ou de politique, sur lesquels reposent la paix et le salut de l'Etat ; qu'elle répande des doctrines tendant à délier l'homme et le citoyen de ces nécessaires et salutaires servitudes religieuses, morales ou politiques, hors desquelles il n'y a plus de respect, plus de devoir, plus d'autorité possible, n'est-il pas évident que, sous peine d'abdiquer son mandat et de violer la plus sacrée de ses obligations, le Pouvoir ou le Gouvernement, quelle que soit d'ailleurs sa forme, sera tenu de lui infliger une peine sévère ?

Or, cette *peine*, comme l'Ordre et la Loi, dont elle est la sauvegarde et la sanction, cette peine est de droit divin et humain, et elle n'est pas moins nécessaire à l'un et à l'autre que la liberté à l'homme et l'autorité à l'Etat.

Donc, non seulement la loi réglera l'usage de la liberté, mais encore elle en réprimera l'abus.

Niez cette conclusion ! Tout en paraissant ne nier que le

(1) Genes. Chap. 16-12.

droit de punir les écarts de la liberté, vous niez le respect du droit, l'inviolabilité du devoir, le droit et le devoir eux-mêmes, vous niez le bien, vous niez le mal, vous niez l'autorité, l'ordre, la loi, vous niez l'homme, vous niez Dieu !

V

Doublons maintenant sans crainte le *Cap des Tempêtes!* Nous savons comment manœuvrer pour en éviter les écueils.

Où est l'usage, où est l'abus de la liberté de discussion religieuse ?

Et d'abord, qu'elle est sa condition *sinè quà non ?*

Qui dit *discussion*, dit recherche de la vérité, examen d'un objet quelconque de science ou de foi, effort de l'intelligence pour arriver à la connaissance ou à la démonstration du vrai.

Plus une discussion est importante par sa nature, plus elle doit être *sincère* dans ses moyens.

Donc, plus que toute autre, la discussion religieuse revêtira le caractère de *sincérité,*

Discutez-vous religion pour vous ou pour autrui? Que tout en vous, exposé, arguments, solution, que tout soit sincère !

Sincère ! Sans cela, pas de discussion *sérieuse* Est-ce rechercher la vérité que vouloir sciemment se tromper ou tromper les autres ?

La sincérité, voila le fond de toute discussion. Tout le reste, ordre des idées, habileté d'argumentation, éclat de pensées, qualités de style, n'en est que la forme.

La beauté de la forme, unie à la beauté du fond, c'est l'idéal de la discussion.

N'ayez pas la première, — vous n'êtes qu'un littérateur. Manquez de la seconde, — vous n'êtes pas même honnête homme !

Ecrivain ou orateur, vous allez, dites-vous, me révéler ou me démontrer une *vérité* que j'ignore ou que je conteste ! — Homme, homme faillible, il ne tient pas à vous de ne pas m'enseigner une *erreur*, — mais ce qui dépend de vous, c'est de ne pas m'enseigner sciemment un *mensonge* ; car errer est un malheur innocent, et mentir, une impudence coupable.

Une discussion qui n'est pas sincère est une manœuvre frauduleuse, une fourberie, un leurre, un piège, une perfidie, une trahison, un attentat contre la conscience, un outrage à la raison, à la science et à la vérité !

A la rigueur, je puis vous pardonner vos propos offensants ou même diffamatoires, et même de tirer, visière levée, le fer contre moi. Mais de me poursuivre, visière baissée, traitreusement, de m'attaquer dans l'ombre, de me frapper par derrière, de me saluer roi des Juifs, comme le Christ, pour me souffleter avec plus de sécurité, — voila ce qu'avec le Sage, au nom de ma dignité et de la dignité de la vérité outragée, je ne puis ni ne dois vous pardonner ! *Plaga dolosa !* (1)

La discussion n'est ni un jeu d'enfant, ni un jeu de dupe. Entre vous, qui voulez me convaincre de votre thèse, et moi, qui n'en suis pas convaincu, elle est un combat intellectuel.

Or, il est de l'essence de tout duel d'être loyal, et de s'accomplir à armes égales.

Un duel sans loyauté, avec armes inégales, cela s'appelle un meurtre accompagné de guet-apens, un lâche assassinat.

Quoi donc ? vous prétendez me gagner à vos idées par la vérité et la raison, et vous n'y parvenez que par l'erreur et le sophisme volontaire ! — Est-ce là une victoire de bon aloi ou un odieux stratagème ?

(1) Eccl. xxii. 26. 27.

Tout homme qui discute avec un autre homme doit pouvoir lui dire comme Rousseau : « Je puis me tromper moi-même, mais je ne veux pas vous tromper ; — craignez mes erreurs et non pas ma mauvaise foi. »

Mais suffira-t-il que la discussion soit sérieuse et sincère en la forme ?

Non ! la discussion n'a rien de commun avec ce honteux trafic, qui, au rapport de Cicéron, ne réalise quelque profit qu'au prix du mensonge. Il ne suffit pas qu'elle paraisse sincère, il faut qu'elle le soit au fond.

Fi de vos belles et fallacieuses paroles ! je n'ai que faire de la réalité d'un mensonge, habilement caché sous l'image trompeuse d'une apparente vérité !

Est-il donc permis d'appeler bien ce qui est mal, et mal ce qui est bien ? et la vertu, « maîtresse et enlumineuse de toutes les autres », n'est-elle plus de notre temps ce qu'elle était du temps de Beaumanoir, la sincérité, la franchise, « la loyauté ? »

— Je vois vos ciseaux, ô censeur ! vous voulez couper les ailes à la liberté !

Qu'est-ce à dire ? Vous répondrai-je, avec un de nos plus brillants et plus sincères orateurs politiques : La liberté, la liberté de la presse vous est donnée ; usez-en à vos risques et périls ! Mais arrêtez-vous où commence le mensonge fait sciemment ; et pour cela, écoutez votre conscience (1). Vous voulez écrire, discuter sur la religion ? Ecrivez, discutez ! mais sachez que celui qui écrit est responsable devant les hommes et devant Dieu (2) !

Ecrire, discuter, imprimer, c'est agir publiquement. Or, tout homme est coupable devant la loi divine et humaine, qui

(1) Em. Ollivier. Corps Législatif. 1er Mai 1864.
(2) S. Exc. M. Rouland. Sénat, 17 Décembre 1863.

4.

agit contre l'intérêt social et l'ordre public, ces deu.. augustes choses qu'on ne peut compromettre ou troubler, sans ébranler le fondement et préparer la chûte des empires.

Ecrivez donc, discutez, imprimez ! mais, dit Voltaire, si votre livre est criminel..., on vous punira.

Mais, qu'est-ce qu'un livre criminel ? N'est-ce pas, entr'autres, celui dont l'auteur a volontairement, sciemment menti, et, par les tromperies d'une science sophistique et faussaire, tenté de violer la bonne foi, de séduire la conscience, d'outrager l'ignorance de ses lecteurs ?

Oui, discutez ! La discussion, c'est l'*aura liberalis* de l'intelligence — Mais que votre discussion soit décente, convenable, calme, respectueuse, loyale, sincère, sérieuse, — telle que Voltaire voulait cette « conversation entre honnêtes gens, où chacun dit son avis, et où personne n'insulte la compagnie. »

Le droit de discuter emporte le droit de tomber dans l'erreur, — tout homme n'est-il pas faillible ? — mais le droit d'y jeter les autres..... eh ! qui jamais osa le soutenir ?

Je vous passe le droit à l'erreur! mais ne me parlez pas du droit au mensonge et moins encore du droit de perfidie !

Je comprends à merveille des écarts de langage, des exagérations de ton, des couleurs trop chargées, certaines habiletés de style, certaines tournures de phrase, une je ne sais quelle tactique de discussion, bien faites pour persuader à tort et quand même, fût-ce au détriment d'une parcelle de vérité, de la justesse de ce qu'on écrit ou de ce qu'on enseigne. On aime naturellement la thèse qu'on soutient, on se passionne insensiblement pour elle, et, sans même s'en douter, on éprouve pour elle toutes les tendresses et toutes les faiblesses d'un père. La morale peut y redire, mais non la loi.

Ce n'est pas tout. Je consens à traiter un auteur ou un professeur comme Voltaire, qui n'était certes pas sans reproches à cet égard, traita certain avocat du Parlement de Paris. Je veux bien lui pardonner de déguiser des faits peu favorables à sa cause, d'essayer de faire valoir les arguments les plus frivoles, de répondre par des paralogismes ridicules aux plus solides raisons, de crier qu'il a prouvé ce qu'il n'a pas prouvé, et détruit ce qu'il n'a pas détruit. Je lui permets même de donner au mensonge l'air de la vérité, et à la vérité les couleurs du mensonge ; de s'épuiser en vaines déclamations sur des faits qui n'ont aucun rapport au fond de sa thèse et de courir rapidement sur les faits les plus graves qui déposent contre elle. Assurément, quoique tolérée pour le malheur des hommes, une pareille méthode n'est nullement honorable. Assurément encore, ce n'est là, pour parler avec notre vieux Balzac, ni un « mestier honnête, ni un exercice innocent. » Mais, ce qui doit être légalement défendu, légalement puni, c'est une discussion, qui, de propos délibéré, froidement et résolument, dans une matière qui touche à l'ordre public, ne recule ni devant le mensonge le plus odieux, ni devant la plus funeste perfidie ! Pareil procédé est, de tout point, incompatible avec la sincérité et la décence d'une discussion digne de ce nom.

Discuter de la sorte, c'est manquer de respect à celui avec qui on discute ; c'est se jouer de sa confiance ; c'est se moquer de sa bonne foi ; c'est lui tendre un piège inévitable ; c'est excéder les bornes de toutes convenances et sortir des limites de toute modération ; ce n'est pas éclairer, c'est obscurcir ; c'est fouler aux pieds les droits de la vérité ; c'est attenter à la dignité de l'intelligence ; c'est *outrager* et la thèse que l'on combat, et les partisans et même les adversaires de cette thèse.

Ah! sans doute, je ne saurais trop le répéter, sans doute, tout homme, tout citoyen a le droit naturel, imprescriptible, sacré, de penser, de parler, d'écrire et de publier ses pensées ! Mais, ce qui n'est pas moins certain, c'est cette vérité proclamée par nos plus grandes assemblées publiques, et si clairement formulée par le fameux Sieyès, c'est que la liberté de la presse, comme toutes les libertés, doit avoir des « bornes légales. »

Liberté donc, oui, liberté, toute liberté, et, par conséquent, liberté de discussion religieuse pour tous ! Mais aussi, ne l'oublions pas, respect par vous, respect par moi, respect par tous de cette liberté !

Vous vous écriez avec moi : Plus de bûchers, plus de tortures, plus de supplices ! Dieu seul peut venger Dieu, et avec Théodore-le-Grand, « nul ne peut être contraint de croire ! » Fort bien ! mais que ne vous écriez-vous encore avec moi : Plus de mauvaise foi, plus de déloyauté, plus de subterfuges dans la discussion! Suivre des voies détournées, employer le mensonge et le sophisme pour troubler et dépraver ma raison, me ravir ainsi à moi-même, et attenter à mon âme immortelle, c'est méconnaître ma liberté, c'est violenter ma conscience, c'est substituer la contrainte morale à la contrainte physique, c'est tuer mon intelligence !

Libre à vous d'être tout ce que vous voudrez — hérétique, incrédule, rationaliste, impie, athée ! Au nom de la raison et de l'Evangile, le XIXe siècle n'a et ne veut avoir ni Jean Huss, ni Vaninis, ni Servets, ni Ramus, ni Labarres. Libre à vous de chercher à me convaincre de vos opinions et de vos croyances, — Dieu seul juge les consciences et connait le secret des cœurs !. Mais, réciproquement, libre à moi d'être ce que je veux être, serait-ce le contraire de ce que vous êtes vous-même ; libre à moi de tenter à mon tour de vous rendre semblable à moi !

Veniam damus, petimusque vicissim !

Qu'il soit seulement bien entendu entre nous, que ni vous ni moi ne porterons publiquement atteinte aux dogmes religieux, qui servent de base à l'ordre social et politique ; que nous respecterons mutuellement notre liberté de conscience et de culte, et que, pour recruter publiquement des partisans et des adeptes de nos convictions personnelles, nous ne recourrons ni l'un ni l'autre, soit à des manœuvres frauduleuses, soit à des procédés dénués de sincérité.

En résumé, respectons l'ordre social, respectons la vérité ! En d'autres termes, respectons le pouvoir de l'État et la liberté de l'individu ! hors de là, il y a licence, il n'y a pas liberté de discussion religieuse !

Je ne m'oppose pas à ce que cette liberté coule à pleins bords, mais je veux que ce soit sans danger pour la paix publique, sans péril pour la liberté individuelle.

Loin de moi la torche qui égare ou qui incendie ! place à cette lampe de l'Évangile qui ne brûle que pour éclairer !

VI

L'homme ne vit pas seulement de pain, mais encore de toute parole sortant de la bouche de Dieu (1).

Donc, qu'elle soit parlée ou écrite, malheur à la parole humaine qui, oubliant qu'elle est l'image de la parole divine, s'abaisse au rôle de complice de l'injustice et d'auxiliaire de l'erreur ! La conscience universelle protestera contr'elle, et si elle menace l'ordre social d'un trouble ou d'un ébranlement quelconque, la loi interviendra pour sanctionner la protestation de la conscience.

(1) Évang. Luc.

Ouvrez, en effet, les annales de tous les peuples ! qu'y voyez-vous ? la preuve, et la consécration de cette vérité.— Théocratie, démocratie, autocratie, monarchie, tous les gouvernements s'accordent sur ce point, et chez les peuples les plus divers, en Judée comme en Arabie, dans la Grèce comme à Rome, en Russie comme aux États-Unis, sous le règne du polythéisme comme sous l'empire du monothéisme, en pays catholiques comme en pays protestants, partout, toujours, le législateur couvre de son égide le respect de la religion, et défend ses dogmes et son culte contre toutes sortes d'attaques, alors même, (o déplorable conséquence d'un principe excellent en soi !) alors même que ces attaques partent de la main d'un Socrate !

Ainsi s'est vérifiée, dans toute sa justesse, par l'histoire de l'humanité, la pensée du génie organisateur, de l'homme prodigieux à qui la France doit la restauration de tous les grands principes de la vie morale des peuples. A ses yeux, en matière de liberté de la presse et de liberté de conscience, comme en toute autre matière, l'indifférence, l'inaction du pouvoir n'était pas permise, dès qu'il s'agissait d'un trouble profond de la société, et surtout quand ce trouble était prêt à se changer en désordre matériel.

Et certes ! ne nous le dissimulons pas, l'expérience des dix années d'agitation, de révolution, de terreur et de corruption qui avaient précédé le Consulat, était singulièrement venue en aide à sa raison politique, et il ne lui en fallait pas tant pour être convaincu que la liberté de discussion religieuse a pour limite infranchissable la conservation de l'ordre — et pour condition essentielle : la bonne foi.

Tels sont, dégagés de tout alliage de fanatisme, et de toute scorie de barbarie, les principes du droit en général.

Qu'en est-il des principes du Droit français en particulier?

VII

Uun orateur (1), organe officiel de l'opinion publique en France, va nous le dire :

« La liberté des cultes, c'est le droit de discuter les dogmes de la communion opposée, le droit de les nier, comme c'est le droit d'affirmer ses dogmes propres et de les propager par la parole et les écrits.

« Voila le droit de discussion. Mais il y a un excès, qui n'est le droit de personne, c'est l'injure, c'est l'insulte, c'est l'outrage. — Je vais plus loin, c'est ce qui équivaut, dans certains cas, à l'outrage, c'est la négation, non pas de ces principes particuliers à tel ou tel culte, mais la négation de ces principes qui sont le fondement de la morale elle-même et de la société..... l'existence d'un Dieu et l'existence d'une autre vie. Qu'a fait la législation ? elle a maintenu le droit de discussion, puis elle a réprimé...... les outrages à la religion, la dérision, l'insulte. »

Or, remarquons-le bien, rapprochées de celles de MM. Delangle (2) et de Royer (3), ces paroles ne sont, au point de vue légal et pratique, que le corollaire de ce que, jusqu'ici, nous avons essayé de démontrer au point de vue philosophique et spéculatif. La loi ne punit pas toute atteinte à la religion, mais celles-là seulement qui blessent profondément l'intérêt public. — Elle n'intervient dans le domaine des croyances et des opinions religieuses, qu'en tant que vraies ou fausses, salutaires ou nuisibles, leur discussion s'écarte des bornes de la décence, trouble la paix publique,

(1) M. Langlais, Commissaire du Gouvernement.— Séance du Sénat du 19 Mars 1861.

(2) Sénat. Séance du 18 Mars 1864.

(3) Sénat Séance du 11 Mars 1865.

ou constitue un de ces abus, une de ces licences dont la repression, dit Blackstone, est le maintien de la liberté!

Et, chose non moins remarquable, ce droit d'intervention né d'un immuable et irrésistible instinct de la conservation sociale, ne fût jamais, ou presque jamais, contesté à l'Etat, fondé qu'il est sur la nécessité, pour ceux qui en tiennent les rênes, de diriger, et, au besoin, de réprimer cette « volonté moyenne » des peuples, qui, pour parler avec Calvin, est « plus caduque au mal que flexible au bien. »

Si, comme cela s'est vu sous la Convention, ce principe sembla un instant s'éclipser devant une prétendue liberté de la presse sans limite, c'est qu'avec lui s'éclipsèrent d'autres principes tout aussi essentiels à la chose publique, — et encore, le fait, plus puissant que le droit, se chargea-t-il de le produire sous un jour plus éclatant encore.

Nous avons sous les yeux tous les documents : — déclarations, constitutions, décrets, chartes, qui, à partir du 21 août 1789 jusqu'au 17 février 1852, ont gouverné la presse en France. Eh bien! tout cela peut se résumer dans cet art. 10 de la Déclaration des droits de l'homme, du 3 septembre 1791, laquelle inaugura un droit jusqu'alors faussé par la logique des préjugés, obscurci par les ténèbres de l'ignorance, étouffé dans des mares de sang, ou écrasé sous le poids de la tyrannie !

« Nul ne doit être inquiété pour ses opinions, même religieuses, pourvu que leur manifestation ne trouble par l'ordre public établi par les lois. »

On ne pouvait mieux proclamer, d'une part, le droit naturel de l'individu à la libre manifestation de sa pensée, et de l'autre, le devoir social de l'Etat de lui assigner des limites.

C'est d'ailleurs ce qu'explique, avec sa clarté et sa précision ordinaires, dans l'article suivant, notre grande Assemblée Nationale, quand elle dit :

« La libre communication des pensées et des opinions est un des droits les plus précieux de l'homme ; tout citoyen peut donc parler, écrire, imprimer librement, sauf à répondre de l'abus de cette liberté dans les cas déterminés par la loi. »

C'est ainsi, encore, que, sous le titre des *dispositions fondamentales, garanties par la nouvelle Constitution*, elle ajoute ces mémorables paroles, expression lumineuse de son bon sens et de sa haute raison :

« Comme la liberté ne consiste qu'à pouvoir faire tout ce qui ne nuit ni aux droits d'autrui ni à la sûreté publique, la loi peut établir des peines contre les actes qui, attaquant ou la sûreté publique ou les droits d'autrui, seraient nuisibles à la société. »

Or, ce pouvoir, cette liberté légalement réglée, de manifester sa pensée, domine l'ensemble de notre législation sur la presse.

Pour nous en convaincre, interrogeons-en l'esprit et consultons les textes de la loi.

VIII

De toutes les législations anciennes ou modernes, sans en excepter celles de Rome et d'Angleterre, la législation française est incontestablement celle qui poursuit avec le plus de sollicitude, sous toutes ses formes et dans toutes ses manifestations, tout fait quelconque, directement ou indirectement contraire, soit à la vérité,—soit au respect d'autrui.—On dirait que, mère tendre et dévouée, elle veut à tout prix empêcher ses enfants de s'égarer dans ces ténébreux royaumes du vide, où tombent chaque jour, par milliers, les tristes

5.

victimes du mensonge et de la passion, pour qui semble
avoir été fait cet admirable vers du Chantre d'Enée :

Ibant obscuri solâ sub nocte per umbram.

Dénombrons ses principaux documents, et ouvrons tout
d'abord notre Code pénal :

Il punit toute critique, censure ou provocation dirigée
contre l'autorité publique, dans un discours pastoral prononcé
publiquement, ou dans un écrit pastoral ; toute correspondance des ministres des cultes avec des cours ou puissances
étrangères, en matière de religion ; toute publication ou
distribution d'ouvrages, écrits, etc., sans l'indication vraie
des noms de l'auteur ou de l'imprimeur.

Voila pour les troubles portés à l'ordre public.

Pour les crimes et délits contre la paix publique, il punit
le faux, quel qu'il soit, qu'il s'appelle fausse monnaie, contrefaçon des sceaux de l'Etat, faux en écriture publique ou
privée, dans les passe-ports, feuilles de route ou certificats.

S'agit-il de délits contre les personnes ? il frappe tout
faux témoignage, toute dénonciation calomnieuse, tout outrage, toute rebellion envers les représentants de l'autorité.

S'il s'agit de délits contre les propriétés, il sévit contre
toute manœuvre frauduleuse, toute escroquerie, tout abus de
confiance, tout détournement, toute tromperie de la part
d'un vendeur, au détriment de l'acheteur.

Mais sortons du Code pénal ! Voici la loi du 14 septembre 1851 contre la falsification des substances alimentaires,
la vente de ces substances falsifiées et les tromperies sur
leur quantité.

Mais, où se révèle surtout l'esprit de vérité et de respect
de la dignité humaine, c'est dans les lois ou décrets sur la
presse. — Là, que de restrictions à la liberté ! Restrictions

quant au droit d'imprimer et de publier un écrit périodique, — restriction quant à la liberté de parler ou d'écrire
sur les droits et l'autorité de l'Empereur, son gouvernement,
le Sénat, le Corps-Législatif, la Constitution, — restrictions,
(notons bien ceci), pour cause : d'outrage à la religion, à la
morale publique et religieuse, aux bonnes mœurs, — d'of-
fenses envers la personne de l'Empereur ; — restrictions pour
cause : de diffamation ou d'injure publique et non publique,—
de publication ou reproduction, avec ou sans mauvaise foi,
de nouvelles fausses ou de pièces falsifiées — de comptes-
rendus infidèles ou inexacts des débats législatifs ou judi-
ciaires, etc., etc.

Que serait-ce maintenant, si je passais en revue toutes
les dispositions de notre Droit civil contre la fraude, le dol,
le mensonge, les manœuvres déloyales ! Pas un titre,
que dis-je ? pas un article, pas un chapitre du Code
Napoléon qui ne rappelle, ne commente, ou n'applique cette
règle de raison et de droit, également faite pour l'homme
et pour le citoyen : (1)

« Il n'y a pas de consentement valable, et, partant, il n'y
a ni contrat, ni obligation, ni convention, si le consentement
n'a été donné que par erreur, s'il a été extorqué par violence, ou surpris par dol.»

Or, je le demande, tout cela, n'est-ce pas la preuve cer-
taine des efforts, plus ou moins heureux, tentés par notre législation, pour concilier sur le terrain de l'ordre, de la modération et du respect, les droits et devoirs respectifs de la
liberté individuelle et de l'autorité publique ?

Mais, j'ai hâte d'arriver aux textes même de la loi.

Comme on le pense bien, je m'en tiendrai à ceux qui sta-
tuent explicitement sur l'outrage à la religion et à la morale

(1) Cod. Nap Art. 1109.

religieuse.— Grâce aux longues, mais nécessaires prémisses de ce travail, je pourrai circonscrire ma discussion dans les limites étroites de ces textes.

IX

La loi est athée ! a-t-on dit.

Non ! elle n'est ni athée, ni indifférente en matière de religion ! car elle protège la religion, la morale religieuse, le culte religieux.

Or, protéger la religion, qu'est-ce pour l'Etat, si ce n'est protéger ses dogmes et ses doctrines, non pas, certes, en ce sens qu'il force les citoyens de les accepter, ou punisse quiconque les nie ou les attaque, mais bien en ce sens que, tout en les niant ou en les attaquant, on ne les outrage pas, on ne les tourne pas en dérision, on ne les insulte pas?

L'Etat n'est pas la religion ; il n'est ni église ni concile, ni pape, ni dieu. Entre Dieu et la conscience de l'homme, il ne peut ni ne veut s'interposer,— son royaume n'est que de ce monde !— Mais il sait qu'il est essentiel à l'ordre que la morale soit universellement pratiquée, et que détacher la majorité des citoyens des dogmes fondamentaux de la foi, c'est les détacher de la morale. Voila pourquoi il protège la religion, et en la protégeant, c'est lui-même qu'il protège.

Or, reconnue en fait dès avant 1789 par l'opinion publique,— consacrée en droit depuis cette époque ; entr'autres actes publics par le Concordat de 1804 et les Chartes de 1814 et de 1830, cette protection, pleinement compatible, ne l'oublions pas, avec la liberté de conscience et la liberté de discussion religieuse, ces deux grandes conquêtes des temps modernes, a été organisée et sanctionnée par des dispositions pénales dans l'art. 8 de la loi du 17 mai 1819, et l'art. 1er de la loi du 25 mars 1822.

Ces deux textes sont le siège de notre discussion. Les voici :

I « Tout outrage à la morale publique et religieuse, ou aux bonnes mœurs, par l'un des moyens énoncés en l'art. 1er, (discours, cris ou menaces proférés dans des lieux ou réunions publics, écrits, etc.), sera puni d'un emprisonnement d'un mois à un an, et d'une amende de 16 à 500 fr. »

II « Quiconque (par les mêmes moyens) aura outragé ou tourné en dérision la religion de l'État ..., ou toute autre religion dont l'établissement est légalement reconnu en France, sera puni d'un emprisonnement de trois mois à cinq ans, et d'une amende de 300 à 6,000 fr.»

X

Ne parlons que de l'outrage à la religion. Aussi bien, presque tout ce que nous en dirons s'applique-t-il également à l'outrage contre la morale religieuse.

Qu'est-ce que l'outrage à la religion ?

L'outrage peut revêtir tant de formes, il peut se reproduire dans tant de circonstances diverses, que la loi s'est bien gardée de le définir. Et cela est d'autant plus remarquable, que, par exemple, statuant sur les outrages commis contre des magistrats, elle s'est nettement expliquée, sinon sur la nature même, tout au moins sur les effets de ce qu'elle appelle de ce nom.

L'outrage est une de ces choses qui se sentent plutôt qu'elles ne se définissent ; — telle parole grossière ne sera qu'une injure, telle autre, moins violente en la forme, pourra, au fond, selon les circonstances, constituer un outrage.

Pourtant, hâtons-nous d'ajouter que la loi a, en quelque sorte, négativement défini l'outrage, en disant ce qu'il n'est

pas, — « Quiconque aura outragé... ... ou tourné en dérision. » —

Ainsi, la dérision ne doit pas être confondue avec l'outrage,
bien que l'outrage et la dérision soient punis de la même peine.
« Christ, qui t'a frappé? — voila la dérision ! — « Et ils le
souffletaient » — voila l'outrage ! — L'outrage, c'est Caïphe
accusant Jésus de sédition et d'imposture, c'est Judas le
trahisssant par un baiser, c'est Pilate le livrant aux mains
de ses bourreaux ; — la dérision, c'est Hérode le faisant
revêtir des insignes d'une royauté fantastique ! L'outrage,
c'est le mépris, c'est l'injure, la violence, l'insulte excitant
à la haine, à l'indignation, au scandale; — la dérision c'est
la moquerie méprisante, la raillerie amère !

La loi ne frappe que l'outrage ou la dérision. — Donc,
elle permet, donc, elle tolère l'attaque, la négation partielle ou totale de la religion ! Eh ! mon Dieu ! la discussion
religieuse, que serait-elle sans cela ?

Discuter, c'est, tour à tour, nier, affirmer, douter, louer,
blâmer, approuver; repousser, admettre ; c'est, enfin, exprimer librement sa libre pensée.

Je puis nier la lumière, affirmer le néant, douter de mon
existence, louer un crime, condamner une vertu, approuver
ce qui est blâmable, blâmer ce qui est digne d'approbation,
repousser un fait, admettre une chimère, en un mot, soutenir l'absurde.— Tout cela, c'est le droit, c'est la liberté de
discussion. Qui me contestera le droit d'être un sot? qui,
ma liberté d'être un fou ? qui, mon droit et ma liberté d'être
un niais?

De ce droit et de cette liberté, je puis user et abuser
en toute discussion, fût-elle religieuse. — Ne font-ils pas
partie, partie intégrante de la liberté de conscience, et, par
suite, de la liberté de discussion? Mais, comment en serait-
il ainsi de l'outrage et de la dérision ? Existe-t-il un droit

existe-t-il une liberté de dérision ou d'outrage ? Et, qu'est-
ce qu'une discussion outrageante, dérisoire, injurieuse?
C'est surtout en matière religieuse qu'elle doit être grave,
décente, charitable même,— non un combat à outrance, mais
un combat décent, dans lequel l'outrage et la dérision ne
seront ni tolérés, ni impunis(1).

Ainsi, liberté d'opinions et de controverses religieuses, liberté d'attaques, de doutes, d'affirmations, de négation contre
la religion,— liberté d'arguments, de formes, liberté de discussion ! — Mais point d'outrage, point de dérision, point
d'indécence, point d'excès, point de mauvaise foi ! Lisez et
relisez tout ce qui a été dit à la tribune et écrit dans la
presse sur la loi du 25 mars 1822! Tel est le but de cette
loi, et tel il devrait être. Dès que l'Etat, purement laïque,
s'occupe moins de la vérité ou de la fausseté de la religion
au point de vue doctrinal, que de sa nécessité au point de
vue social, — dès que son office n'est point de la juger, mais
de la protéger ; — dès que, pour parler avec Royer-Collard,
il ne connait plus, pas même comme bras séculier du clergé,
ni des hérésies, ni des aberrations de la pensée en matière
de religion, — bien évidemment il doit se borner à connaître
des outrages et des violences de la discussion religieuse (2).

Discuter, c'est raisonner ; raisonner, c'est opiner. « Res-
pectez mon opinion comme je respecte la vôtre. » Toute la
liberté de discussion est là !

Or, la loi respecte votre opinion en matière religieuse,
tout comme elle respecte la mienne. — Qu'elle soit vraie ou
fausse, salutaire ou nuisible, ridicule ou plausible,— ce n'est
pas là son affaire. Elle la respecte, puisqu'elle ne la force ni
ne la punit ; voila tout !

(1) Exposé des motifs de la loi du 25 mars 1852.
(2) Royer-Collard.

Roye   illard avait donc raison de déclarer du haut de la tribune française, qu'en matière de religion, la loi frappe non la simple opinion, mais seulement l'outrage !

C'est qu'il y a loin de l'outrage à l'opinion ! — L'opinion, c'est la pensée. Je pense que le Christ n'a pas existé, qu'il n'est pas Dieu, que l'Evangile n'est pas de lui, que le Pape n'est pas infaillible. — Erreur ! dites-vous ? — C'est possible ! mais, que voulez-vous ? Où vous voyez blanc, je vois noir ; où vous croyez devoir affirmer, je crois, moi, devoir nier, — ma conscience le veut ainsi, et en vous le disant, j'exerce ma liberté de conscience. Mais cette liberté, est-elle quelque chose, si elle n'est pas la liberté d'opinions, le droit de dire tout haut ce que je pense tout bas !

Ma liberté de conscience, passez-moi cet apparent jeu de mot, n'est pas la liberté sans conscience (1). — Elle est le droit d'exprimer au dehors le *dictamen* de la conscience, ce que je sens, ce que je me dis de bonne foi, sérieusement, en toute sincérité..... bref, mon opinion.

Voulez-vous maintenant savoir ce que c'est que l'outrage dans la discussion, ce qu'est une discussion outrageante ? Mon opinion n'est pas que le Christ est un mythe, qu'il n'est qu'un homme, que l'Evangile est apocryphe, que le Pape est faillible. Je crois le contraire, ou même, je ne crois rien du tout. — Et pourtant, par des citations de prétendus textes ou documents historiques qui n'existent pas, qui disent l'opposé de ce que je leur fais dire, ou, tout au moins, qui ne disent rien, je prétends vous convaincre, vous qui avez foi en ma parole d'honnête homme, en mon érudition de savant, en mes connaissances d'historien, et qui, probablement, ne songerez pas même à contrôler mes doctorales assertions, je prétends, dis-je, vous convaincre, vous, croyant, vous, catholique, qu'il n'y a ni Christ-homme, ni Christ Homme-Dieu, ni Evangile du Fils de Marie, ni Pape infaillible ! — Evidemment, en agissant ainsi, je ne discute pas, je ne raisonne pas, je n'opine pas, — je mens, je vous trompe ; ma parole et ma plume ne servent qu'à déguiser ma pensée et à fausser la vôtre ; — j'outrage votre religion, je vous outrage vous-même !!

Et, en vain, pour tuer plus sûrement votre intelligence (1), ma parole menteuse emprunterait-elle les dehors de la plus incontestable bonne foi, de la vérité la plus consciencieusement exprimée ; en vain, ange de ténèbres, vous apparaitrais-je dans le nimbe splendide d'un ange de lumières, — si votre ignorance, votre paresse, votre penchant naturel à accepter aveuglément mes doctrines, si, surtout, votre confiance sans bornes en mon honnêteté intellectuelle ne vous permettent ni de supposer, comme Erame dans sa dispute avec Luther (2), que je ne vous dis pas ce que je pense, ni de me lancer à la face le *mentiris impudentissimè* que je mérite !

Eh ! quoi ! l'hypocrisie n'équivaut-elle pas à la violence ? (1). L'hypocrisie *intellectuelle*, aussi bien que l'hypocrisie religieuse, ne porte-t-elle pas de rudes coups à la religion ? Et croyez-vous que, d'accord avec la conscience et la raison, la loi, tout aussi déraisonnable que la censure antique (3, épargnera le noir corbeau, habilement paré des plumes de la blanche colombe ?

Qu'on ne dise donc pas que le seul outrage que prévoit et punisse la loi, c'est l'outrage par grossières insultes, par attaques populaires, par outrageantes expressions ! Je l'ai déja dit, la loi n'a nulle part défini l'outrage, et ce n'est pas sans raison. L'outrage peut consister en paroles, en gestes, en actions ; une réflexion, une allusion peut le consti-

(1) Os quos mentitur occidit animam. Sap. I-11.
(2) Luth De Serv. Arbit
(3) Dat veniam corvis, vexat censura columbas.

tuer ; il peut être direct ou indirect, explicite ou implicite. Dès là qu'il y a attaque indécente contre la religion, et, par suite, froissement, irritation, indignation, trouble légitimes de la part de ceux qui la professent ; — dès là qu'orateur ou écrivain, vous manquez envers elle et envers ses sectateurs de ce respect des convenances et de la vérité, le premier devoir et la première vertu de l'homme qui s'adresse au public, — il y a outrage, gramaticalement et légalement outragé ! La forme, plus ou moins habile, du langage ne saurait amnistier l'audace de vos prétentions. Que vous me frappiez avec un gant de velours ou de fer, en plein soleil ou dans l'ombre, qu'importe ! vous m'avez frappé, vous m'avez outragé ! Machanidas ou Phalaris, un tyran est toujours un tyran, et l'attrayante femme de l'un n'était pas moins dangereuse que l'horrible taureau de l'autre !

Comment ! l'outrage grossier, ardent, populaire, tomberait sous le coup de la loi, tandis que l'outrage raffiné, à froid, aux formes hypocrites, cent fois, mille fois plus coupable, échapperait à toute peine ! et ainsi, le législateur qui punit le moins absoudrait le plus (1) ! Cela n'est pas possible !

Si dire à un homme, — quelquefois même à propos de la chose la plus insignifiante : « Vous en avez menti ! » est le plus révoltant des outrages, qu'est-ce donc que mentir soi-même à propos de la religion, contre la religion, sachant bien que votre mensonge sera et devra être accepté pour la vérité ? N'est-ce pas outrager, de la façon la plus odieuse, ce qui est l'objet du respect et de la vénération publics, ce que l'humanité répute la plus importante des vérités ? — Oui ! je le jure par la conscience humaine, par l'évidence du sens moral ! Ou c'est là un outrage ou, il n'y en a pas !

Mais, dites-vous, et la liberté de discussion ? — La liberté

(1) Mgr De Bonnechose.

de discussion, où il n'y a pas de discussion !! La discussion n'existe que si elle est sérieuse, et elle n'est sérieuse que si elle est sincère (1).

Mais, peut-être, suis-je victime d'une vaine illusion ! peut-être invoqué-je, en matière pénale, des arguments d'analogie purement rationnelle, bons tout au plus en matière civile ; peut-être, à mon insu, moi, enfant des temps modernes, argumenté-je comme, au XIII° siècle, ce roi, — un saint roi, ce théologien, — l'Ange de l'Ecole, — qui devinrent, pour ainsi dire, cruels, celui-ci par charité, celui-là par logique ; peut-être, enfin, m'accusera-t-on de répéter tout bas, avec les fanatiques de certain passé que tout vrai catholique déplore, cette sanglante maxime du Bas-Empire : *Vocem funestam amputari oportet, patiùs quam audiri !*

Voyons ! A quoi se réduit donc ma thèse : à soutenir qu'abstraction faite de sa forme littéraire, toute discussion religieuse qui n'est pas de bonne foi, n'est pas sérieuse, et repose sur un mensonge certain, avéré, indéniable, volontaire, est un outrage contre la religion. Et j'ai dit, en m'appuyant sur les motifs de la loi du 25 mars 1822, interprété par l'histoire, l'esprit et les textes de notre législation, que le mot *outrage* employé par cette loi, embrasse toute atteinte, directe ou indirecte, par insultes grossières, ou par mensonge organisé, contre le respect dû à la religion.

Examinons-donc ce qu'en dit la Jurisprudence, cette parole vivante, ce commentateur collectif et complémentaire de la loi, Plus d'une fois, elle a eu à s'expliquer sur ce que la loi permet et sur ce qu'elle interdit.

Or, d'après elle, est permise, et partant, ne constitue pas un outrage, la négation des dogmes fondamentaux de la religion chrétienne, alors même qu'elle est religion de l'Etat,

—tels que la divinité du Christ et la perpétuité du Christia-nisme,— si cette négation a lieu dans un *ouvrage sérieux*, sans réflexions ni allusions injurieuses.

A plus forte raison, n'y aura-t-il pas outrage, si la discussion, — même contenant des expressions, des phrases in-convenantes et repréhensibles, n'a pas pour objet les dogmes de la religion, mais simplement des faits de discipline ecclésiastique, de prétendus miracles, etc. Ce n'est pas là manquer au respect dû à la religion (1).

Mais, par contre, est interdite, et, partant, constitue un outrage à la religion, la publication d'une édition incomplète des livres qui le renferme. Ainsi, la publication de la partie morale de l'Évangile, — avec la suppression des miracles et de tous les autres faits qui démontrent la divinité du Christ, peut, suivant les circonstances, constituer un outrage, si, par exemple, cette publication, ainsi mutilée, doit être plu-tôt considérée comme un piège tendu à l'ignorance que comme un ouvrage de controverse philosophique ou reli-gieuse. — En d'autres termes, si faite de mauvaise foi, et avec intention de nuire, elle renferme une allusion impie à la partie supprimée (2). « Bonne et sage décision ! s'est écrié en plein Sénat, M. Delangle ; — La mutilation était une fal-sification, le délit était évident.»

Est encore interdite, parce qu'elle constitue un outrage par dérision, la discussion qui, prenant le ton du sarcasme et de l'ironie, présente la religion comme amie des pompes mondaines, et se glorifie de l'indigne spectacle que doit pro-duire un procès intenté au journal qui la publie (3).

(1) Arrêts de la Cour de Paris : 3 décemb. 1825, aff. constit., — 22 janv. 1828, aff. De Sénancourt, — 17 décemb, 1829, aff. Chatelain. Ch. réun., Prés. Séguier. (2) Cour de Paris, 26 décemb. 1826, Cassat. rej. 17 mars 1827, aff, Touquet. (3) Cour d'Aix, 3 décemb, 1829, aff. *L'Aviso.*

Or, que résulte-t-il de cette jurisprudence? deux choses qui confirment pratiquement nos principes et nos idées purement théoriques : — d'un coté, qu'une négation qui n'est pas sérieuse, est placée sur la même ligne qu'une négation injurieuse, ou, plus généralement, que la discussion hostile a la religion, est outrageante et qu'il y a outrage dans la discussion, alors qu'elle n'est pas de bonne foi ; — d'un autre côté, que toute discussion, dogmatique ou non, qui, même indirectement, tend à blesser le respect dû à la religion, est un outrage, et puni comme tel par la loi.

Voila donc l'état de la jurisprudence. Des différents arrêts dont j'ai résumé la doctrine, conforme à celle des publicistes (1), des jurisconsultes les plus célèbres (2), des auteurs les plus estimés (3), et qu'on trouve dans tous les recueils de jurisprudence, il en est un, rendu sous la présidence de M. Portalis, que je dois citer en partie : c'est l'arrêt Touquet, — arrêt tout à la fois de principe et d'espèce.

Ce libraire, « au nom duquel (4) se sont attachés, sous la Restauration, des souvenirs d'opposition ardente », avait publié sous ce titre : *L'Évangile (partie morale et historique)*, une édition partielle de l'Évangile, où avait été omis ou retranché tout ce qui concerne les miracles. Il fût condamné par le Tribunal correctionnel de la Seine à 9 mois d'emprisonnement et 100 fr. d'amende, pour outrage à la morale religieuse et à la religion de l'État, parce que, « pour nier la divinité de son auteur et attaquer sa morale sur sa base », il avait mutilé l'Évangile et défiguré plusieurs des faits qu'il avait conservés. Vainement avait-il déclaré qu'il voulait publier une seconde partie pour compléter l'Évangile ; le Tri-

(1) De Serres, Portalis, Royer-Collard, De Broglie. — (2) Isambert, Renouard, Dupin jeune, Dalloz aîné. — (3) De Grattier, Chassan, Rousset. — (4) Delangle.

bunal pensa que, tout en ne publiant séparément que la 1re partie, il ne s'était pas moins rendu coupable du double délit qui lui était imputé.

Appel. — La Cour de Paris : « Considérant que la publication de la partie historique de l'Evangile, avec suppression des miracles et des faits qui démontrent la divinité de Jésus-Christ, constitue un outrage à la religion de l'Etat et des autres cultes chrétiens.» confirma le jugement du Tribunal, du chef de l'outrage à la religion. — L'unique motif de l'arrêt, dit très-bien M. Delangle, fût qu'en mutilant le livre saint, Touquet avait commis une falsification.

Pourvoi en cassation pour fausse application de l'art, 1er de la loi du 25 mars 1822, et violation des art. 5 et 8 de la Charte constitutionnelle. — Le demandeur s'attacha à démontrer ces deux propositions : 1° que, dans l'espèce, il n'y avait pas eu outrage à la religion, aucune parole outrageante n'ayant été incriminée ; 2° qu'aux termes de la Charte constitutionnelle, tout dogme religieux quelconque est dans le domaine de la controverse et d'une libre discussion ; qu'ainsi, dans l'espèce, l'arrêt attaqué avait converti en *délit*, et puni comme tel, l'exercice d'un *droit* consacré par la Charte.

Mais la Cour, sur le rapport du conseiller De Chantereyne, la plaidoirie de Me Odillon Barrot, et les conclusions conformes de M. l'avocat-général Fréteau de Pény :

« Attendu que s'il résulte de la liberté religieuse accordée au Français par la Charte, que les citoyens de toutes les religions, dont l'établissement est légalement reconnu en France, professent librement leur culte, et peuvent publier, conformément à leur croyance, les livres qui en sont la base, sans pouvoir être accusés d'outrages envers la religion de l'Etat, il ne s'ensuit pas qu'aucune publication incomplète ou mutilée ...s livres saints, qui sont le fondement de la religion, ou des livres dogmatiques des autres religions légalement établies dans le royaume, ne puisse, en aucun cas, dégénérer en outrages contre ces religions; — Qu'il est évident que du *retranchement* de certains passages, des *rapprochements* que ce retranchement peut occasionner, ainsi que de diverses autres *combinaisons* par lui produites, il peut résulter de véritables outrages, soit envers les institutions, soit envers les personnes ; — Qu'il appartient aux tribunaux d'apprécier le *sens* et les *circonstances* de ces publications, lorsqu'elles leur sont déférées ; — Qu'autant ils doivent de protection à la plus précieuse de nos libertés publiques, celle de manifester avec *décence*, *modération* et *gravité* ses *opinions* religieuses, et de *discuter* celles des autres, autant ils doivent d'appui à la religion de l'Etat et aux autres communions établies dans le royaume ; — Que la liberté de *discuter* les dogmes religieux n'emporte pas celle de *falsifier* ou de *mutiler* les livres qui les renferment, en publiant des éditions incomplètes, fautives ou *subreptices* de ces livres ; dénuées de toute discussion, puisque de telles publications devraient plutôt être considérées comme des *pièges tendus à l'ignorance*, que comme des *ouvrages de controverse philosophique ou religieuse ;*

« Rejette, etc..... »

Eh ! bien ! laissons l'*espèce*, ne relevons que les principes de cet arrêt : Qu'en résulte-t-il ? sinon que la qualification juridique d'*outrage* appartient souverainement aux tribunaux chargés d'apprécier le sens et les circonstances des publications incriminées de ce délit, — que la liberté de discussion religieuse n'est que la liberté de manifester des opinions religieuses, avec décence, modération, gravité, sans falsifications, sans mutilations, sans rapprochement, sans retranchements, sans combinaisons intentionnellement subreptices, sans pièges méchamment tendus à l'ignorance.

Mais, n'est-ce pas là le résumé de ce que nous avons dit nous-même ?

Faut-il rendre plus sensible encore, si c'est possible, la vérité de ces principes ? Appliquons-les, non plus à la religion ou à l'Evangile, mais à l'Etat et à la Constitution ! — Voici un publiciste, qui, à tort ou à raison, passe pour un publiciste savant, sincère, consciencieux. Un jour, la fantaisie lui prend de prouver que la Constitution est absurde,

en contradiction manifeste avec les bases les plus fondamentales de notre Droit public, etc. Pour cela, nouveau Ma-
thánasius, sans pitié ni souci des textes, — malgré les pro-
testations de sa conscience, de la science et de l'histoire, et
sachant bien qu'aucun de ses trop confiants lecteurs ne s'a-
visera de le soupçonner d'ignorance, de sottise ou de mauvaise foi, il rapproche, il retranche, il ajuste, il combine, il
torture, à son gré, certains articles de cette constitution, — si
bien qu'il finit par en tirer, plus ou moins plausible, tout
un système d'idées à l'appui de sa thèse. Que penser de
ce procédé ? Est-il avouable ? est-il sincère ? est-il scientifi-
que ? Est-il plus dangereuse *attaque* contre la Constitution ?
Et un tel procédé ne serait pas un attentat, un outrage
contre la religion !!

—Mais les droits de la critique, les droits de la science,
qu'en faites-vous ? — Ce que je dois en faire : le droit de
libre, mais sincère opinion, le droit de libre, mais loyale
recherche, le droit de libre examen, de discussion grave et
sérieuse, — limité par les convenances et le respect. Je nie
le droit d'une critique menteuse et d'une science perfide !

—Soit ! Mais quel juge sera assez érudit, assez philologue,
assez savant, pour s'assurer que j'ai sciemment menti, sciemment dénaturé, mutilé, falsifié les textes et les faits ? Quoi
de commun entre la justice et la science, le droit et la lit-
térature ?

J'en conviens ! il est des textes; il est des faits douteux,
obscurs, incompatibles, ce semble, avec la certitude philolo-
gique et historique. Mais, convenez aussi qu'il en est d'autres,
et des plus importants, surtout dans l'ordre des choses religieuses, que nul ne conteste, pas même ceux qui en défi-
gurent, en dénaturent et en faussent le sens et la portée.
Pour ceux-là, pas un magistrat qui ne puisse et ne doive
en faire une saine appréciation légale, en matière d'outra-

ge à la religion, de même qu'en matière de contrat, de diffamation, de faux, de délits de presse, etc. — S'il ne peut
les apprécier personnellement, il les appréciera par voie
d'expertise.

—Mais, comment discerner l'outrage de la vivacité, de l'em-
portement, de la passion involontaires, de certains écarts
permis ou tolérés dans le feu de la discussion ? Qui vous
préservera des procès de tendance ? qui vous empêchera de
« toucher à ces deux pointes si subtiles »(1) et si dangereuses
de l'injustice et de l'erreur ? Que n'écoutez-vous plutôt la
loi romaine : *Non lubricum linguæ ad pœnam facilè tra-
hendum !*

Lourde et délicate tâche, sans doute, que ce discerne-
ment ! mais qui n'est ni plus délicate ni plus lourde que la
distinction du faux d'avec l'escroquerie, de l'injure d'avec
la diffamation, de la coalition qui est un droit, d'avec la
coalition qui est un délit !

Dites que le juge devra juger ces sortes de causes avec
une attention et une impartialité extraordinaires, éloignant
avec soin de son esprit jusqu'à l'ombre d'un ferment quelconque de ce qu'on a nommé *odium theologicum;*— dites que
pour être punissable, l'outrage devra être « frappant comme
un rayon du soleil, comme le poignard qui déchire votre
chair ! (2)» Mais, je l'ai déjà dit et je le redirai moi-même avec
tous les criminalistes de notre siècle, d'accord avec les principes les plus élémentaires du droit !

— Mais, pourquoi recourir à d'autres peines qu'à celles
de la critique, à un autre glaive qu'à celui du Christ ? Ne
vous suffit-il pas de combattre l'erreur par la vérité ? La
discussion n'est-elle pas la lance d'Achille ? — Des preuves,
des preuves ! disait saint Bernard, et non des supplices ! A

(1) Allusion à une *Pensée* de Pascal.
(2) Merilhou.

Dieu seul de venger la vérité outragée, de se venger lui-même !!

A cela plusieurs réponses : D'abord, il ne s'agit pas de venger Dieu, mais la société. Dieu est patient, parce qu'il est éternel. Il n'en est pas de même de la société! Pour elle, se reposer entièrement sur la justice divine de la répression de tout attentat contre la religion, ce serait abdiquer le droit et le devoir de sa conservation. Et puis, l'expérience de chaque jour ne prouve-t-elle pas l'impuissance de la discussion, et principalement de la discussion religieuse, constatée par un des plus grands controversistes du xviime siècle (1)? Certes, s'il fût un temps où il importa de ne pas laisser ébranler l'ordre social, c'est, à coup sûr, à une époque comme la nôtre.

En résumé, s'il est vrai que toute liberté individuelle, — même la liberté de conscience, alors qu'elle devient publique, — doive être limitée, dans l'intérêt général ; — s'il est vrai que le respect de la vérité, de la bonne foi et des convenances, soit la limite imposée par la nature, et reconnue par tout législateur, entre la discussion religieuse, qui n'est qu'une forme de la liberté, et l'outrage ou la dérision, qui n'est qu'une forme de la licence ; — si la philosophie, l'histoire, la législation universelle, la législation française, s'unissent à l'esprit de cette législation et aux textes de notre droit, pour nous dire que la violation de ce double respect constitue, spécialement en matière religieuse, une grave atteinte à l'ordre public, à la société, à l'État, — quoi de plus facile que de répondre à la question, objet de cette Étude ? (1)

Oui, la limitation de la liberté de discussion religieuse, toutes les fois qu'elle dégénère en outrage ou en dérision, est *possible*, puisqu'elle exista toujours dans tout pays civi-

(1) Nicole.

lisé, même dans les pays les plus libres !

Oui, elle est *utile*, puisqu'elle a pour objet de prévenir un trouble public ou un ébranlement social !

Oui, elle est *juste*, puisqu'elle rétablit l'équilibre des droits et des devoirs de la société, vis-à-vis de l'individu, et ceux de l'individu vis-à-vis de la société !

Oui ! elle est *opportune*, puisque partout et à plusieurs reprises, l'ordre social et politique a été ébranlé !

Oui ! elle est tout cela, puisque la liberté est nécessaire à l'homme et à la société, et que la proscription et la répression de la licence, c'est le maintien et la garantie de la vraie liberté !

O Liberté ! fille du Ciel, don ineffable du Dieu de toute intelligence et de toute sagesse ! rayon sacré, émané de l'éternel Soleil de Justice et de Vérité ; toi, l'irréconciliable ennemie de la licence, de l'injustice et du mensonge ! soutiens et dirige dans la pure et royale voie du Progrès nos pas, encore chancelants, incertains, trop longtemps entravés par l'ignorance, les préjugés, l'erreur ! Enfle de ton souffle puissant le fragile esquif de l'Humanité, et, le gouvernail de la Foi, de la Charité et de la Science à la main, pousse-le vers l'heureux rivage de ses divines destinées ! A toi nos vœux ! à toi nos cœurs ! Tu es la mère des saintes pensées, la source des fécondes inspirations, l'instrument des choses sublimes !

O Liberté religieuse ! respecte, respecte à jamais les bornes infranchissables que, par l'organe de la loi, Dieu et la Société assignèrent à ton essor ! Si tu n'es pas une vaine image, si tu aspires à régner sur la terre, hâte-toi de dégager tes pieds de l'ornière d'un passé déjà loin de nous, et dépouille ton front du voile, tour à tour superstitieux et impie, qui nous en déroba l'éclat ! Dans l'ordre religieux, hélas! plus encore, peut-être, que dans l'ordre politique, ton règne, je le sais, sera « laborieux et passionné ! (1) » Où les uns t'appelleront pusillanime, d'autres te diront audacieuse, et, plus d'une fois, tu seras tentée de briser tes ailes contre le double écueil d'une intolérance sans limites et d'une licence sans frein ! Lutte contre toute lassitude, garde-toi de tout écart, préserve-toi de tout excès. Réponds à tes détracteurs par la modération de tes doctrines, la sagesse de tes tendances et la sainteté de tes actes ! Dans ton contact inévitable avec la Religion et la Philosophie, évite également et le rogue mépris de Caton et le persiflage insultant de Voltaire, et les inflexibles rigueurs de Philippe d'Espagne et les molles complaisances de Frédérick de Prusse,—et quiconque, loup ou renard, osera les attaquer, les *outrager* ou les railler, ne crains pas de les stigmatiser du plus éclatant désaveu ! Appuyée sur la conscience, mûe par l'amour du Bon, du Beau et du Vrai, — guidée par le désir sincère de réaliser l'Idéal de la félicité promise aux humains, — sans souci ni des malédictions, ni des persécutions, ni des mensonges (2) de tes ennemis,— réjouis-toi et tressaille d'allégresse, la Vérité incarnée t'a proclamée heureuse ! et achève résolûment, calme comme la force, forte comme la vertu, la glorieuse ascension vers Celui qui ne laisse ni labeurs sans repos, ni sacrifices sans récompense !

(1) Guizot, Loc. cil

(2) Ev. Mat. V — 11 et 12 : MENTIENTES. — Cf Eccl. XXII — 26-27, *Est concordatio,...* EXCEPTO CONVICIO *et* PLAGA DOLOSA.

SÉTIF. — Imp. Vᵉ VINCENT.